COMPRENDRE VOTRE
esprit et votre corps

L'image corporelle

Lee &

lore other b

W.ENGAGE

VANCOUV

WWW.ENGAGEBOOKS.COM

L'image corporelle: Comprendre votre esprit et votre corps
Lee, Ashley 1995 -
Smith, J 1994 -
Texte © 2024 Engage Books
Conception © 2024 Engage Books

Édité par: A.R. Roumanis, Ashley Lee,
Melody Sun, et Sarah Harvey
Conception par: Mandy Christiansen
Traduire: Amanda Yasvinski
Relectrice: Vicky Frost

Texte en Montserrat Regular.
Titres de chapitre définis dans Hobgoblin.

Ce livre ne remplace pas l'avis d'un professionnel de la santé ni ne constitue un outil de diagnostic. C'est un outil pédagogique destiné à aider les enfants à comprendre ce qu'eux-mêmes ou d'autres personnes vivent.

PREMIÈRE ÉDITION / PREMIER TIRAGE

CATALOGAGE AVANT PUBLICATION DE BIBLIOTHÈQUE ET ARCHIVES CANADA

Titre: L'image corporelle / Ashley Lee & J Smith.
Autres titres: Body image. Français
Noms: Lee, Ashley, 1995- auteur. | Smith, J, auteur.
Description: Mention de collection: Comprendre votre esprit et votre corps | Traduction de : Body ima

Identifiants: Canadiana (livre imprimé) 20240378547 | Canadiana (livre numérique) 20240378563 |
ISBN 978-1-77878-379-1 (couverture rigide)
ISBN 978-1-77878-380-7 (couverture souple)
ISBN 978-1-77878-382-1 (pdf)
ISBN 978-1-77878-381-4 (epub)

Vedettes-matière:
RVM: Image du corps chez l'enfant—Ouvrages pour la jeunesse.
RVM: Image du corps—Ouvrages pour la jeunesse.
RVM: Perception de soi chez l'enfant—Ouvrages pour la jeunesse.
RVMGF: Livres documentaires pour la jeunesse.

Classification: LCC BF723.B6 L4414 2024 | CDD J306.4/613—DC23

Ce projet a été rendu possible en partie grâce au gouvernement du Canada.

Canada

Contenu

Qu'est-ce que l'image corporelle ?

L'image corporelle est ce que les gens pensent, ressentent et croient à propos de l'apparence de leur corps. Certaines personnes aiment leur apparence et d'autres non. L'image corporelle est étroitement liée à **l'estime de soi**.

MOT-CLÉ

Estime de soi : à quel point une personne se sent bien dans sa peau.

Les personnes ayant des problèmes d'image corporelle n'aiment pas leur apparence. Elles voudront peut-être changer des parties de leur corps. Les personnes qui se valorisent et se respectent sont moins susceptibles d'avoir des problèmes d'image corporelle.

Près de 80 pour cent des adolescentes nord-américaines ont des difficultés avec leur image corporelle.

Quelles sont les causes des problèmes d'image corporelle ?

L'image corporelle est façonnée par la façon dont les autres en parlent. Certaines personnes peuvent être victimes d'intimidation à cause de leur apparence. Certains parents peuvent dire des choses dures à propos du corps de leur enfant. Cela peut causer des problèmes d'image corporelle.

Les médias favorisent souvent les personnes ayant certains types de corps. La plupart des gens comparent leur corps aux images qu'ils voient dans les médias. Les personnes qui semblent différentes peuvent avoir le sentiment de ne pas appartenir.

MOT-CLÉ

Les médias : moyens de partager du contenu, comme la télévision, les films, les publicités, les réseaux sociaux et les livres.

Certains adolescents ont l'impression qu'ils ont besoin de développer leurs muscles parce que les médias sociaux disent que c'est le type de corps masculin parfait.

Comment les problèmes d'image corporelle affectent-ils votre cerveau ?

L'insula est une partie du cerveau qui rassemble les informations provenant de différentes zones du cerveau. Cela aide à créer ce que les gens pensent et ressentent à propos de leur corps.

Une personne ayant des problèmes d'image corporelle peut avoir une insula qui ne fonctionne pas normalement.

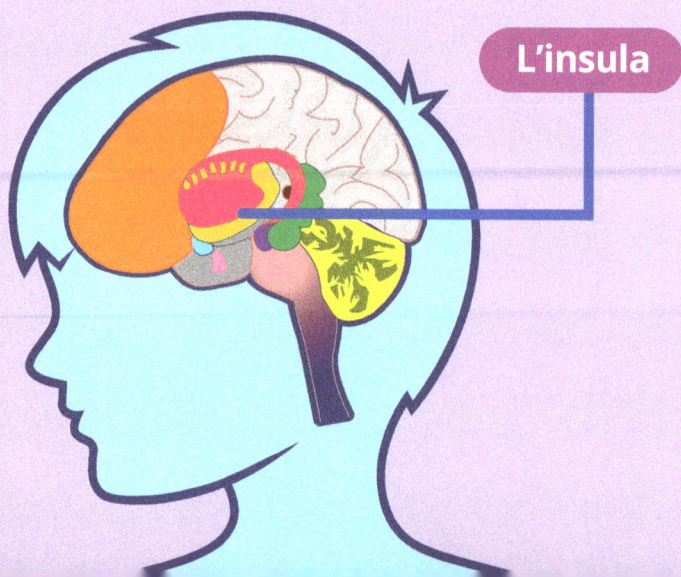

L'insula

Les personnes ayant des problèmes d'image corporelle peuvent tomber dans des pièges de la pensée. Les pièges de la pensée sont des pensées négatives qui ne sont pas vraies. Par exemple, *je suis trop gros* ou *j'ai l'air moche sont* des pièges courants liés à l'image corporelle.

Comment les problèmes d'image corporelle affectent-ils votre corps ?

Les problèmes d'image corporelle affectent la façon dont les gens traitent leur corps. Cela peut inciter les gens à essayer de changer de manière malsaine. Ils peuvent essayer des régimes extrêmes, des programmes d'entraînement ou une **chirurgie esthétique.**

MOT-CLÉ

Chirurgie esthétique : une opération qui modifie l'apparence d'une personne.

Environ 60 000 chirurgies esthétiques sont pratiquées chaque année sur des adolescents aux États-Unis.

Les personnes ayant des problèmes d'image corporelle souffrent parfois de troubles de l'alimentation. Cela signifie manger d'une manière qui n'est pas sans danger pour votre corps. Les personnes souffrant de troubles de l'alimentation mangent généralement trop ou pas assez.

Seulement dix pour cent des personnes souffrant d'un trouble de l'alimentation cherchent de l'aide.

Comment les problèmes d'image corporelle vous font-ils ressentir ?

Les personnes ayant des problèmes d'image corporelle peuvent avoir l'impression que leur apparence est jugée. Elles pourraient avoir peur d'aller dans des endroits bondés. Cela peut provoquer de **l'anxiété.**

MOT-CLÉ

Anxiété : sentiments d'inquiétude et de peur difficiles à contrôler.

Le trouble d'anxiété sociale est une sorte de phobie. Cela vous rend anxieux d'être avec d'autres personnes.

Les problèmes d'image corporelle peuvent faire passer les gens à côté de choses qu'ils pourraient apprécier. Les gens peuvent éviter de pratiquer certains sports ou activités s'ils sont gênés par leur corps. Ils pourraient se sentir seuls s'ils n'entrent pas en contact avec les autres.

Les problèmes d'image corporelle disparaissent-ils ?

Toute personne ayant des problèmes d'image corporelle peut se sentir mieux dans sa peau. Cela ne se fera pas tout seul. Cela demande beaucoup de temps et de travail fort.

Bien manger, faire de l'exercice et dormir suffisamment sont tous des outils importants. Un **thérapeute** peut également proposer de l'aide. Ils peuvent apprendre aux gens à se sentir mieux dans leur corps.

MOT-CLÉ

Thérapeute : personne formée pour aider en cas de problèmes de santé mentale.

Demander de l'aide

C'est normal de demander de l'aide. Parler à un ami ou à un adulte de confiance est un bon point de départ. Voici quelques façons de commencer la conversation.

« Je déteste mon corps. Pouvez-vous m'aider à comprendre comment ne pas détester mon corps ? »

« Je ne peux pas arrêter de m'inquiéter de la façon dont les autres me voient. Il est difficile de ne pas se soucier de ce qu'ils pensent. Est-ce que tu comprends ce que je veux dire? »

« Je n'aime pas mon apparence. Connaissez-vous des moyens de changer ça ? »

Comment aider les autres avec des problèmes d'image corporelle

Il est difficile de gérer les problèmes d'image corporelle. Si vos amis ont des problèmes d'image corporelle, vous pouvez les aider. Voici quelques mesures que vous pouvez prendre pour aider vos amis.

Évitez le jugement

Ne jugez pas l'apparence des autres. Parlez du corps de manière positive avec vos amis. Changer la façon dont vous parlez du corps peut aider les personnes ayant des problèmes d'image corporelle.

Montrez-leur de la gentillesse

Rappelez à vos amis que vous les aimez pour qui ils sont. Faites-leur des compliments sur des choses autres que leur apparence. Concentrez-vous sur les bons traits des autres.

Trouvez du soutien auprès d'eux

Vos amis pourraient avoir besoin de plus de soutien que vous ne pouvez en apporter. Encouragez-les à parler à un adulte de confiance s'ils éprouvent des difficultés.

L'histoire des problèmes d'image corporelle

L'image corporelle existe depuis longtemps. La signification du type de corps parfait ne reste pas longtemps la même. On attend souvent des femmes et des filles qu'elles s'adaptent aux dernières tendances beauté.

Dans les années 1800, on s'attendait à ce que les femmes aient des courbes. Elles portaient une sorte de vêtement appelé corset pour réduire leur taille. Les corsets causaient de nombreux problèmes de santé.

Dans les années 1980 et 1990, la minceur est devenue l'objectif de beauté des femmes. C'est encore le cas pour beaucoup de femmes aujourd'hui. Certains pourraient essayer des routines extrêmes de perte de poids pour rester maigre. Cela pourrait blesser leur corps.

Les super-héros de l'image corporelle

Dans le passé, un seul type de corps était privilégié et présenté dans les médias. Depuis des années, les gens exigent de voir toutes les tailles, formes et couleurs dans les médias. Les standards de beauté modernes deviennent peu à peu plus **diversifiés** et plus accueillants.

MOT-CLÉ

Diversifié : comprenant de nombreux types de personnes différentes.

Harnaam Kaur est mannequin. Elle est capable de laisser pousser une barbe pleine en raison d'un problème de santé. Kaur a un jour parlé devant le gouvernement britannique de l'importance de l'acceptation de soi.

Kelvin Davis est mannequin et écrivain. Il écrit le blog de mode pour hommes nommé Notoriously Dapper et parle de la positivité corporelle des hommes. La positivité corporelle est l'idée que chacun devrait aimer son corps tel qu'il est.

Serena Williams est une joueuse de tennis championne du monde. Elle a été attaquée en ligne parce qu'elle était trop musclée. Elle ne laisse pas les critiques la rendre triste. Au lieu de cela, Serena encourage les autres à se sentir bien dans leur corps.

Astuce 1 pour l'image corporelle : Arrêter les pièges de la pensée

Il peut être difficile de sortir des pièges de la pensée. Mais faire un effort pour changer la façon dont vous pensez à vous-même peut aider à les arrêter. Commencez par éviter les **discours intérieurs négatifs**.

MOT-CLÉ

Discours intérieur négatif : lorsque vous pensez ou dites des choses qui vous font du mal.

Donnez-vous plus de confiance en vous concentrant sur vos meilleurs traits. Ce ne seront pas tous des traits physiques. Vos compétences, vos intérêts et votre personnalité sont tous des éléments importants qui vous rendent spécial.

Ce que vous voyez dans le miroir n'est peut-être pas la façon dont les autres vous voient.

Astuce 2 pour l'image corporelle : Limiter le temps d'écran

Les réseaux sociaux font souvent la promotion d'un certain type de corps. Une étude montre que plus vous êtes sur les réseaux sociaux, plus vous risquez de ne pas être satisfait de votre apparence. Limiter le temps passé devant un écran est une bonne façon de vous aider à résoudre vos problèmes d'image corporelle.

1. Suivez le temps que vous passez chaque jour sur les écrans.

2. Utilisez ce nombre pour définir un objectif de temps que vous pouvez passer à utiliser les écrans chaque jour.

3. Rangez votre téléphone pendant un certain temps.

4. Sortez lorsque vous ne regardez pas vos écrans.

Astuce 3 pour l'image corporelle : essayer quelque chose de nouveau

Ce n'est pas tout le monde qui se sent à l'aise avec les dernières tendances de la mode. Accordez-vous une pause en portant quelque chose de confortable. Ou essayez de trouver des vêtements qui mettent en valeur votre style personnel !

Interrompre les pensées négatives en faisant des choses que vous aimez. Essayer de nouvelles activités peut être amusant et stimulant. Cela peut également vous aider à en apprendre davantage sur vous-même. Vous ne savez jamais ce qui vous intéressera !

Quiz

Testez vos connaissances sur l'image corporelle en répondant aux questions suivantes. Les questions sont basées sur ce que vous avez lu dans ce livre. Les réponses se trouvent au bas de la page suivante.

1 Qu'est-ce que l'image corporelle ?

2 Comment se façonne l'image corporelle ?

3 Que signifie avoir un trouble de l'alimentation ?

4 De quelle manière pouvez-vous aider les autres face à des problèmes d'image corporelle ?

5 Qu'est-ce que Serena Williams encourage les autres à faire ?

6 Comment interrompre les pensées négatives ?

Découvrez d'autres lecteurs de niveau 3.

ENGAGER LES LECTEURS — NIVEAU 3 — **L'anxiété**

ENGAGER LES LECTEURS — NIVEAU 3 — **L'asthme**

ENGAGER LES LECTEURS — NIVEAU 3 — **L'autisme**

ENGAGER LES LECTEURS — NIVEAU 3 — **L'image corporelle**

ENGAGER LES LECTEURS — NIVEAU 3 — **L'obésité**

ENGAGER LES LECTEURS — NIVEAU 3 — **La dyslexie**

ENGAGER LES LECTEURS — NIVEAU 3 — **La perte de vision**

ENGAGER LES LECTEURS — NIVEAU 3 — **Le diabète**

ENGAGER LES LECTEURS — NIVEAU 3 — **Perte auditive**

Visite www.engagebooks.com/readers

Réponses: 1. Ce que les gens pensent, ressentent et croient à propos de l'apparence de leur corps 2. Comment les autres en parlent 3. Manger d'une manière qui n'est pas sans danger pour votre corps 4. Évitez les jugements, montrez-leur de la gentillesse ou trouvez du soutien auprès deux 5. Se sentir bien dans son corps 6. En faisant des choses que tu aimes

www.ingramcontent.com/pod-product-compliance
Lightning Source LLC
Chambersburg PA
CBHW051237020426
42331CB00016B/3421